Horst Heilig

ARTEMIAN -
Poesie für Herz,
Geist und Seele

Die heilende Kraft des Wortes
Texte • Gedichte • Meditationen

Inhalt

I. Texte

II. Gedichte

III. Meditationen

5

Dieses Buch ist der
schöpferischen Quelle gewidmet -
der Quelle, die in uns selbst liegt,
und die in ihrem Ursprung
und in ihrer Essenz Gott ist.

Vorwort

Liebe Leserin, lieber Leser,

Sie halten ein Buch in Ihren Händen, das „medial" empfangen bzw. inspiriert wurde. Mediales oder inspiriertes Schreiben ist nichts Besonderes oder Außergewöhnliches, denn alle erhebende und zukunftsweisende Kunst und Wissenschaft - alles was von Menschenhand geschaffen und kreiert wurde - ist letztendlich Impulsen und Inspirationen aus universellen oder transpersonalen Quellen entsprungen. Der Unterschied liegt vielmehr darin, ob deren Schöpfer sich noch egozentrisch als die alleinigen Urheber sehen, oder ob sie schon ein Bewußtsein von ihrem Angeschlossensein an das Große Ganze haben - der schöpferischen Quelle, die in uns selbst liegt und die in ihrem Ursprung und in ihrer Essenz Gott ist.

Mein Dank gilt deshalb dieser schöpferischen Quelle - dem Göttlichen - und allen Engeln, Lichtwesen und geistigen Führern, die für mich diese universelle Quelle auf einer transpersonalen Ebene „personifizieren" und „verkörpern".

Ich weiß, daß wir alle an einem allumfassenden Netzwerk und Tanz teilhaben. Wir sind eingebunden in ein Lichtfeld aus Energie, Bewußtsein und Liebe. Es hängt von jedem einzelnen von uns „Vielen im Einen" ab, auf welcher Ebene (erlöst oder unerlöst) von Energie, Bewußtsein und Lie-

11

be er sich bewegt und mit welchen Ebenen des Ganzen er deshalb in Resonanz steht - ob er also der Angst oder der Liebe dient. Während Angst trennt und uns begrenzt - die Energie, das Bewußtsein und die Liebesfähigkeit - verbindet die bedingungslose Liebe und erweitert und erfüllt unser gesamtes Sein.

Es ist mein Wunsch und meine Hoffnung, daß die Worte in diesem Buch der Liebe dienen und das Höchste und Tiefste im Leser wecken und zum Klingen bringen, so daß er mit seiner Seelen-Essenz in Verbindung kommt, die in seinem Herzen ruht.

Wenn Sie also tief in Ihr Herz gehen und sich dort einstimmen und verankern und jetzt - davon geleitet - eine Seite des Buches aufschlagen, dann können Sie darin wie in einem Spiegel lesen und die höchsten und zugleich tiefsten Ebenen von sich selbst finden und erkennen.

Ich wünsche Ihnen viel Freude auf dieser Entdeckungsreise in Ihr Innerstes und den Mut, sich auf dieses Abenteuer der Selbstfindung einzulassen.

Göppingen, im August 2002   Horst Heilig

Wer ist *ARTEMIAN*?

ARTEMIAN hat sich mir nach seinem ersten Durchkommen am 19. Juni 1997 auf meine Frage wer er sei, so vorgestellt:

„Ich bin eine geistige Wesenheit, die sich vor langer Zeit in vielen irdischen Leben der Poesie und Dichtkunst gewidmet hat, um den Menschen Freude und Erbauung zu schenken. In mir sind jetzt viele Seelen vereint - Seelen die sich alle derselben Aufgabe verschrieben haben. Diese Seelen waren in unzähligen Leben namhafte und weniger namhafte Dichter und Schriftsteller, die in den verschiedensten Ländern und Bereichen ihre Poesie gelebt und verbreitet haben. So bekannte Namen wie Hesse, Rilke, Goethe, Schiller und Brentano sind aus unserer Seelenfamilie hervorgegangen, und haben ihre schöpferischen Inspirationen daraus erhalten.

Wir wollen nun auch durch dich als kreativen Kanal unsere Poesie und Dichtkunst zum Ausdruck bringen, weil du ebenso eine solche Begabung in dir trägst und weil du fähig bist, die geschaffene Poesie nicht nur als deine persönliche Schöpfung zu erkennen und anzuerkennen, sondern als ein Geschenk und Ausdruck Gottes, der in jedem Menschen wirkt und lebendig ist."

14

DEM LEBEN

AUGEN DIE KEIN LICHT GESEHEN
UND KEIN SEHNEN KENNEN
WOLLEN VOLL ERBARMEN
DER DUNKELHEIT ENTRINNEN
UND SICH AUF DAS LEBEN BESINNEN

AUGEN DIE SICH IN IHREN
TIEFSTEN TIEFEN LABEN
UND SICH NICHT DER WELT ENTSAGEN
FALLEN NICHT IN TRAURIGKEIT
VERBREITEN LICHT UND SELIGKEIT

Leben

Leben ist die Verkörperung Gottes auf dem Planeten Erde. Deshalb ist das Leben heilig und sollte jeden Tag aufs Neue in Dankbarkeit gefeiert und geehrt werden. Weil ihr dies vergessen habt, ist euer Leben so leer und sinnlos geworden. Ihr befindet euch auf einer Suche nach Sinn und Erfüllung, die niemals ein Ende findet, wenn ihr nicht erkennt und an-erkennt, daß das Leben - daß euer Leben - seinen Sinn in sich selbst hat.

Das Leben ist ein Geschenk Gottes an die Menschen, und ihr feiert Gott, wenn ihr das Leben feiert. Also sei dankbar dafür, daß sich deine Seele in einem Körper, der voller Leben ist, zum Ausdruck bringen und ihre Spuren in der Materie hinterlassen kann.

Leben ist Kreativität und Lebendigkeit in jedem Augenblick. Es ist die schöpferische Macht Gottes, die sich durch dich verwirklicht. Lebe - und danke Gott auf diese Weise für dieses Geschenk.

TRAUER

LASS DIE WOGEN
DER ERREGUNG
DIE DEIN HERZ
IN TIEFEN SCHMERZ
GESTOSSEN
SANFT VERGEHEN.

UND REISSE NIEDER
DIESE MAUER
DEINER TRAUER
UND GIB DEM
STUMMEN BEBEN
DAS BESITZ VON
DIR ERGREIFT
DEN RAUM
UM ZU GESCHEHEN.

Frieden

Frieden ist die Beendigung jeden Kampfes und Konfliktes in deinem Inneren. Die meisten Menschen versuchen den Frieden im Außen herzustellen, aber er entsteht in deinem Herzen.

Frieden ist ein innerer Seinszustand, der sich ausbreiten kann, wenn du mit dir selbst und mit ALLEM WAS IST im Einklang bist. Er ist ein Zustand, der von deinem Herzen ausgeht, und es sind dein tiefsitzender Haß und dein Groll, die den „Krieg" und den Konflikt am Leben erhalten.

Du kannst Frieden nur in deinem Inneren finden, und wenn er dein Herz erfüllt, dann hat jeder Kampf ein Ende. Es ist die Vergebung, die Frieden in deinem Herzen erschafft.

DANK DER FREUDE

**DANKBARKEIT VERMAG
EIN WUNDER ZU VOLLENDEN
UND DIR SATTHEIT UND
AUCH WONNE SCHENKEN
RICHTET SICH AN DAS
PRALLE UND KÖSTLICHE LEBEN
KANN DIR FREUDE UND
ERFÜLLUNG GEBEN**

Dankbarkeit

Dankbarkeit bedeutet, das Leben zu feiern für das, was es dir in jedem Augenblick zu schenken vermag. In der Dankbarkeit bringst du deine Einheit mit dem Lebendigen zum Ausdruck, und sie wird von dem Bewußtsein getragen, daß du mit der nie versiegenden Quelle verbunden bist, die dich speist und nährt.

Feiere das Da-Sein mit deiner Dankbarkeit, und lasse die Kraft, die alles durchströmt, in dich und dein Leben fließen. Es ist eine überströmende Kraft, die in Fülle vorhanden ist.

Indem du deine Dankbarkeit bekundest, befindest du dich im Einklang mit dieser Kraft und ziehst sie in dein Leben.

Dankbarkeit schafft Fülle und die Fülle erweckt die Dankbarkeit in deinem Herzen. Also sei dankbar und lebe in Fülle.

Entspannung in die An-Erkennung - Meditation über Dankbarkeit

Bist du dir eigentlich bewußt, daß dein Wesen voller Fülle und Reichtum ist, egal wie tief du sie in deinem Inneren vergraben hast? Es ist an der Zeit, daß du diesen Gaben - die dir mitgegeben wurden und die der Quelle entspringen - wieder An-Erkennung zollst. Ehre und heilige sie, indem du sie vollkommen lebst und zum Ausdruck bringst. Was hat dich so arm und leer gemacht, und warum bist du so undankbar für diesen ganzen inneren Reichtum, so daß du ihn vergraben und weggeschlossen hast?

Wenn du willst, setze dich auf einen Stuhl, und begib dich in die Stille und Leere. Wenn ein großes Gefühl von Mangel Besitz von dir ergreift, dann verharre darin und ergründe, wie es sich anfühlt. Bewege dich durch dieses Gefühl hindurch in einen Raum, in dem Fülle und Überfluß herrschen. Wenn du lange genug suchst, wirst du mit Sicherheit fündig werden. Feiere deinen inneren Reichtum und zolle ihm An-Erkennung. Zeige deine Dankbarkeit, und ehre die Quelle, aus der alles entspringt.

Entspannung in die Dankbarkeit -
Meditation über das Annehmen

Wenn du Dankbarkeit empfindest, dann sagst du JA zu dir selbst und zum Leben. Du bist reich und erfüllt. Doch wenn du Mangel fühlst, dann stelle dir die Frage, wo du dich und das Leben ablehnst. Kannst du bedingungslos JA sagen, zu dir selbst und zu allem, was dir das Leben schenken will? Kannst du dich annehmen, kannst du das Leben annehmen?

Gehe in die Stille und komme in Kontakt mit deinem Inneren - mit jenem Teil, der von dir angenommen und ins Herz geschlossen werden will. Akzeptiere dich so wie du bist! Öffne dein Herz und sei dankbar für alles, was dir das Leben zu schenken vermag.

LEBENSWEG

LASS ZU DIE TRAUER
DIE IN DIR VERBORGEN
DEIN HERZ IST HEHR
WIRF AB DIE LAST
DIE DICH GEFANGENHÄLT
SEI FREI UND UNBESCHWERT

LÖS AUF DEN ZWEIFEL
DER DICH DURCHBOHRT
ER HEMMT UND LÄHMT
UND BRINGT DICH AB
VON DEINEM WEG
HALT EIN UND SEI DU SELBST

ÖFFNE DICH DER KRAFT
DIE ALLES DURCHSTRÖMT
DENN SIE LEBT AUCH IN DIR
SEI GEIST VON DEM EINEN GEISTE
UND VERBINDE DICH MIT IHR

LEBE DEIN LEBEN
SO WIE ES BESTIMMT
SCHAUE NACH INNEN -
ERKENNE DEN PFAD
UND WENN DU MIT DIR
IM EINKLANG BIST
BRING ES ZUM AUSDRUCK
IN WORT, SCHRIFT UND TAT

Zweifel

Zweifel ist Gespaltenheit in sich selbst. Er entsteht, wenn du dich und dein inneres Wesen ablehnst.

Zweifel ist also Ausdruck von Selbsthaß und einem mangelnden Selbstwertgefühl. Wenn du im Zweifel bist, führst du einen Krieg gegen dich selbst. Ein Teil von dir bekämpft einen anderen Teil von dir. Der Zweifel hemmt und lähmt dich und macht dich handlungsunfähig.

Du kannst den Zweifel auflösen, indem du dich an-erkennst und so akzeptierst wie du bist. Schließe dich in dein Herz, und breite den Mantel der Liebe, der Barmherzigkeit und des Friedens über deinen inneren Zwiespalt aus.

LIEBESLIED

KARGE ANTWORT LIEGT AUF
SEINEN STUMMEN LIPPEN
DIE VOLLER SEHNSUCHT
SANFT NACH WORTEN RINGEN
DIE IN LIEBE UND VERGEBUNG
SCHWINGEN

STILLE

WENN DU IMMER TIEFER DRINGST
SCHICHT UM SCHICHT
UND LÄRM UND HEKTIK
HINTER DICH BRINGST
VERSÄUME ES NICHT
IN DIE STILLE EINZUTAUCHEN
DIE EIN FLÜSTERN IST
LAUTLOS UND FAST UNHÖRBAR
VON EINEM ORT DER VERBORGEN
IN DEINEM TIEFSTEN INNERSTEN LIEGT

Stille

Stille ist das Flüstern der Ewigkeit. Sie entsteht, wenn du nach innen gehst in den magischen Raum des Geistes, in dem Wunder geschehen.

Tauche ein in die Stille und lasse dich von ihr verzaubern und „ver-führen" in jenen Bereich des Bewußtseins, wo die Welt zum Stillstand kommt und sich in dir und um dich herum unendlicher Frieden ausbreitet - ein Frieden, der dein Herz berührt und es öffnet und erwärmt.

Stille ist die Essenz des Geistigen - der Innenseite der Welt - und sie dehnt sich aus, wenn sie erweckt und ins Leben gerufen wird.

Entspannung in die Stille - Meditation über das Hören auf die innere Stimme

Was bestimmt dein Leben mehr - der Verstand oder die Stimme des Herzens? Wem schenkst du mehr Gehör? Dem was andere sagen, oder dem was dir deine innere Stimme rät? Und wie lange ist es her, seit du das letztemal diese leise Stimme in deinem Inneren vernommen hast und ihr gefolgt bist? Warum? Traust du ihr nicht - traust du dir nicht? Verläßt du dich mehr auf andere als auf dich selbst?

Versenke dich wieder in die Stille, die es dir ermöglicht, die Stimme in deinem Inneren zu erhören und das zu vernehmen, was sie dir zu sagen hat. Vielleicht kann sie dir Weisung und Führung zuteil werden lassen? Und vielleicht ist sie die Weisheit, die in dir schlummert, und die du nur zu erwecken und ins Leben zu rufen brauchst?

Setze dich bequem hin und schließe die Augen. Lausche nach innen und höre, was dort zu vernehmen ist. Verbinde dich mit deinem Wesenskern und berge den Schatz, der dort vergraben ist: Die Weisheit deines Herzens, die dir den Weg weist.

VERLASSENHEIT

KAHLE WÄNDE - TROSTLOSER RAUM
EIN SCHREI AUF DEN LIPPEN
BLEIBT OHNE WIDERHALL
GRENZENLOSE WEITE
FINDET KEINEN HALT
UNENDLICHES FALLEN
IN EINEN BODENLOSEN SPALT

KAHLE WÄNDE - TROSTLOSER RAUM
EIN SCHREI AUF DEN LIPPEN
FINDET SEINEN WIDERHALL
SUCHT NICHT MEHR AUSSEN
SONDERN IN SICH SELBST
ERKENNT DASS EIN GROSSES
UNS TRÄGT UND HÄLT

Verlassenheit

Verlassenheit ist die Trennung von dir selbst und dadurch die Trennung von Gott. Verlassenheit erlebst du immer als die Folge des Verlusts von einem Menschen, der dir viel bedeutet hat, oder von dem du abhängig warst.

Diese Trennung erzeugt Schmerz in deinem Herzen, weil es sich für dich so anfühlt, als hättest du einen Teil von dir selbst verloren.

Besinne dich auf dein inneres Wesen, und verankere dich in deiner Mitte. Wenn du dich im Einklang mit deinem Wesenskern - und so mit der ganzen Welt - befindest, und wenn du die Liebe in deinem Herzen erweckst, dann entsteht in dir Geborgenheit und eine Verbundenheit mit ALLEM WAS IST.

Entspannung in die Verbundenheit -
Meditation über Verlassenheit

Suche dir einen Platz, an dem du ungestört bist und es dir bequem machen kannst. Setze dich dabei auf einen Stuhl, oder lege dich mit dem Rücken auf den Boden. Schließe jetzt die Augen, und richte deine Wahrnehmung nach innen.

Wenn du an Verlassenheit denkst - was passiert mit dir? Welche Empfindungen, Gefühle, Bilder, Gedanken löst dieser Begriff in dir aus? Lasse zu, was in Bewegung kommt, aber halte dabei den inneren Zeugen in dir wach und stärke ihn. Er beobachtet das Geschehen einfach nur ganz unvoreingenommen und wartet gelassen ab, bis sich die Gefühlsbewegungen in deinem Inneren wieder beruhigt haben. Gelingt dir dies immer schneller und besser, dann hast du dich in der Mitte deines Wesens verankert und dich verbunden mit dir und mit ALLEM WAS IST.

Wenn du so in gutem Kontakt mit deinem Inneren bist, und wenn du es schaffst, jeden Augenblick deines Lebens dir selbst treu zu bleiben, dann kannst du nie wieder wirklich verlassen werden. Warum? Weil du dich selbst nicht mehr verlassen wirst.

TANZ DES LEBENS

TANZ IST WIE DAS LEBEN
IN SEINER VIELSEITIGKEIT
ER FLIESST AUS DEINEM WESEN
UND BRINGT ES ZUM AUSDRUCK
IN RAUM UND ZEIT

TANZ IST AUCH ENDLOSE BEWEGUNG
DIE DICH INS DASEIN BRINGT
UND ER FÜHRT IN JENE WEITE
WO KEINE GRENZEN SIND

ER VERBINDET HIMMEL MIT ERDE
BEGRENZUNG MIT GRENZENLOSIGKEIT
UND ES ERWACHT IN DIR EINE STILLE
WIE DAS ECHO AUS EINER
ANDEREN WELT

Tanz

Betrachte das Leben wie einen Tanz, und dein Verständnis, sowohl vom Leben als auch vom Tanz, wird sich verändern. Tanz ist Bewegung, Leben ist Bewegung und Bewegung ist ständige Veränderung und Wandlung.

Veränderung bedeutet, tausend kleine Tode zu sterben und tausendmal wiedergeboren zu werden. Ein ewiger Kreislauf von Geburt und Tod, der immer weitere Kreise zieht. Verstehe, daß Tod nicht Stillstand und das Nichts bedeutet, sondern daß er die Voraussetzung für einen Neubeginn bildet.

Tanz kann diese Tatsache auf wunderbare Weise verdeutlichen. Eine Form muß sterben, damit eine neue Form entstehen kann. Aus einem tieferen Verständnis heraus ist Form nur das, was unser Bewußtsein braucht, um den unaufhaltsamen und ewigen Bewegungsfluß zu erkennen - etwas Feststehendes, um nicht alle Orientierung zu verlieren.

Überlasse dich dem Fluß des Lebens - tanze mit ihm sanft und spielerisch. Stelle dich ihm nicht entgegen, denn das erzeugt Schmerz und Leiden. Habe das Vertrauen, daß dich das Leben zum Ziel trägt.

Entspannung in die Leichtigkeit - Meditation über den Tanz

Wie denkst du über das Leben? Ist es für dich leicht und mühelos, gewissermaßen wie ein „guter" Tanz, oder ist es schwer und mühselig, wie ein endloser Kampf? Wo in deinem Körper spürst du diese Leichtigkeit oder diese Schwere?

Stelle dich aufrecht hin und schließe die Augen. Gehe jetzt mit deiner Aufmerksamkeit durch deinen Körper, und mache dir bewußt, wie sich die einzelnen Körperteile anfühlen. Wenn du willst, kannst du diesen Gefühlen Ausdruck verleihen, indem du dich durch den Raum bewegst. Tanze dein Leben, tanze dich - die Schwere und die Leichtigkeit.

Doch sei gewiß: Du bist hier, um die Freude in deinem Herzen zu erwecken und leicht und unbeschwert durchs Leben zu gehen. Überlasse dich diesem Fluß des Lebens und seinem ewigen Auf und Ab. Stelle dich ihm nicht entgegen, sondern habe das Vertrauen, daß er dich ins Ziel trägt.

Entspannung in das Wachstum - Meditation über Veränderung

Das Leben ist wie ein Tanz der ständigen Wandlung und Veränderung, ein unaufhörlicher Bewegungsfluß, dem du dich entgegenstellen oder vertrauensvoll überlassen kannst.

Betrachte dein Leben und frage dich, wo es festgefahren und blockiert ist, und wo Wachstum und Wandel noch stattfinden. Was möchtest du verändern, wo willst du wieder in Fluß kommen und was hindert dich daran?

Finde ein Bild, das für dich Wachstum und Veränderung symbolisiert, und vertiefe dich darin. Werde eins mit der ihm innewohnenden Bewegung.

TANZE SANFT ...

TANZE DEIN LEBEN
SANFT UND LEICHT
WIE EIN HAUCH
AUS DER EWIGKEIT

DREHE UND BEWEGE DICH
IN ENDLOSEN KREISEN
AUF KURVEN UND BAHNEN
DIE DURCH DAS LEBEN LEITEN

LEBEN - TANZ - EWIGKEIT ...
TANZ IST EWIGES LEBEN UND
LEBEN IST BEGRENZTE ZEIT

Entspannung in die Verspannung - Meditation über Festhalten und Loslassen

Lege dich mit dem Rücken auf den Boden. Spüre den Kontakt zum Boden und lasse dich von ihm tragen. Wandere mit deiner Aufmerksamkeit durch deinen Körper und mache dir bewußt, wo du festhältst, d. h. wo deine Muskeln angespannt sind. Wenn es dir schwerfällt dort zu entspannen - loszulassen - dann spanne deine Muskeln einfach bewußt noch etwas mehr an, bis du das Gefühl hast, daß es genug ist und lasse dann los. Vielleicht gelingt es dir jetzt besser. Du kannst es mehrmals wiederholen: Anspannen - entspannen, festhalten - loslassen.

Sei dir bewußt, daß das Leben weder nur das eine noch das andere ist, sondern vielmehr die Verbindung von beidem im rhythmischen Fluß der Veränderung. Denke darüber nach und frage dich, in welchem Pol du gefangen bist. Komme in Fluß und finde dein Gleichgewicht, deine innere Mitte: Das Festhalten im Loslassen und das Loslassen im Festhalten.

GEBET AN DAS LEBEN

DAS LEBEN IST VOLL ZAUBER
ES ATMET DICH
IST GEIST VON DEM EINEN GEISTE
ERINNERE DICH

DER MENSCH IST LEBEN -
GEIST UND LICHT ...
WILL ZUM HIMMEL SICH ERHEBEN
TRÄUME, LEBE DICH

Gott

GOTT IST. Er ist in dir, und du bist in Gott.
Gott ist ALLES WAS IST -
er lebt in allem was existiert.
Gott ist all(es)umfassend und
all(es)durchdringend.

Er ist die Kraft die allem zugrundeliegt.
Er ist die erste und die letzte Ursache.

GOTT IST - ewig und grenzenlos.

Gott ist die Liebe, und Gott ist der Haß.
Er ist das Leben, und er ist der Tod.
Gott ist auch die Freude und das Leiden.

Gott vereint alles in sich.
Er schließt alles in sich ein
und schließt nichts aus.

Gott ist das Sein, und Gott ist das Nicht-Sein.
Er ist die Fülle und die Leere.
Gott ist der Sinn und die Sinnlosigkeit.

Gott ist ALLES WAS IST und
ALLES WAS (noch) NICHT IST.

GOTT IST - ewig und grenzenlos.

Entspannung in das Göttliche -
Meditation über Liebe

Ist dir bewußt, daß du in Gott bist, daß du ein unerschöpfliches Potential in dir trägst, und daß die Liebe deine größte Gabe ist?

Gott ist Liebe - du bist Liebe. Wenn du die Liebe in deinem Herzen erweckst, dann kannst du erkennen wer du wirklich bist. Die Liebe verbindet dich mit dir, mit all deinen Wesensanteilen und mit ALLEM WAS IST.

Schließe die Augen und richte deine Aufmerksamkeit nach innen. Was verurteilst du an dir, wo bist du von dir selbst getrennt? An-erkenne, daß alles, wirklich alles, seine Gültigkeit hat und ein Ausdruck des Göttlichen ist. An-erkenne wer du bist und schließe die geliebten sowie die ungeliebten Wesensanteile in deine Arme. Sage vorbehaltlos JA zu dir selbst.

Wenn du das wirklich tun kannst, dann bist du erlöst und Gott, von dem du ein Teil bist, ist in dir zum Leben erwacht.

Entspannung in das Da-Sein -
Meditation über Gott

Betrachte jetzt einmal dich und dein Leben. Kannst du ohne Vorbehalte JA dazu sagen, oder lehnst du dich und das Leben ab? Und wo verweigerst du dich, indem du dein inneres Potential zurückhältst? Bedenke: Das Leben ist ein Geschenk. Es will gefeiert und in seiner ganzen Fülle gelebt und erlebt werden.

Schließe die Augen und blicke nach innen in dein Herz. Warum hast du es verschlossen und das Leben ausgesperrt? Öffne dein Herz wieder für das Leben! Sage bedingungslos JA zu dir selbst, und somit JA zu GOTT und zu ALLEM WAS IST.

Wesentlichkeit

Wesentlichkeit will ausdrücken, daß es von allem eine Außenseite und eine Innenseite gibt, und daß das Wesentliche die Innenseite der Dinge ist - die Essenz, die sich in der Wesentlichkeit zum Ausdruck bringt.

Die Innenseite der Dinge ist das Geistige, und diese geistige Dimension ist der Ursprung von allem was existiert. Auch du trägst das Geistige in dir und bist dadurch mit der Quelle verbunden. Dies drückt der Begriff Wesentlichkeit aus.

Wesentlichkeit ist das Innerste des Seins, der geistige Funke, aus dem alles entstanden ist und wohin alles zurückkehrt. Wesentlichkeit ist eine Qualität des Göttlichen und sie ist eng damit verbunden.

Gott ist das, was allem zugrundeliegt, und die Wesentlichkeit ist sein unmittelbarster Ausdruck. Sie ist die göttliche Essenz von ALLEM WAS IST, jenseits aller Masken und Fassaden deiner begrenzenden Persönlichkeit und deines Egos. Wesentlichkeit ist reines Da-Sein.

Entspannung in die Wesentlichkeit - Meditation über Liebe

Du kannst dir einen Platz suchen, an dem du dich geborgen fühlst, und eine Haltung einnehmen, die angenehm für dich ist. Beachte dabei, daß du jetzt mit der Liebe in dir und in deinem Herzen in Verbindung kommen sollst - der Liebe, die dich so oft beglückt und so oft in tiefe Verzweiflung gestürzt hat. Atme tief ein und aus. Fühle die Bewegungen in deinem Herzen und lasse sie zu - die schmerzvollen wie die freudvollen.

Atme und fühle, fühle und atme ...

Laß die Wogen in deinem Herzen zur Ruhe kommen, bis du das Gefühl eines stillen und friedlichen Bergsees in dir trägst, dessen Wasseroberfläche das Licht der Abendsonne spiegelt.

Atme und fühle, fühle und atme ...

In dieser friedvollen Stille, die sich in dir ausbreitet, bist du in Verbindung mit deiner Essenz: Liebe die still und bedingungslos ist, Liebe die einfach IST.

HOFFNUNG WÄCHST

AUF SCHNEEBEDECKTEN WIESEN
WÄCHST EIN FERNES TAUEN
GEN ENDE ZU DEN BUNTEN AUEN
UND LIEBE WIRD AUS DIESER
WARMEN LUFT GEBOREN
WO SEHNSUCHT LEBT UND
IST ERKOREN
ZU SCHAUEN AUF DEN
WEITEN STERNENHIMMEL
AUF DASS DIE MENSCHEN
WERDEN FINDEN
DIE HOFFNUNG
DIE SIE DANN VERKÜNDEN

Hoffnung

Hoffnung ist das Licht am Ende des Tunnels. Sie geleitet dich durch die Dunkelheit ins Licht.

Hoffnung ist die Kraft, die dich am Leben erhält. Wenn du in Angst und Leid versinkst, bringt sie dich immer wieder auf den rechten Weg zurück.

Hoffnung ist das Licht, das in der größten Dunkelheit leuchtet. Entzünde den Hoffnungsschimmer in deinem Inneren und halte den Blick geradewegs auf das Licht gerichtet.

Entspannung in die Hoffnung -
Meditation über Zuversicht

Gehe mit deiner Aufmerksamkeit zuerst zu deinen Ängsten und Befürchtungen, die du gegenüber dem Leben hegst. Was ist deine größte Angst, und was erwartest du aus dieser Angst heraus vom Leben? Mache es dir bewußt.

Dann atme deine Ängste aus, bis du ein ruhiges und gelassenes Gefühl in dir spürst. Dehne dieses Gefühl aus, indem du Ruhe und Gelassenheit in dich hineinatmest.

**Ruhe und Gelassenheit,
Ruhe und Gelassenheit ...**

Verstärke dieses Gefühl immer mehr und lasse es von dir Besitz ergreifen, anstelle der Angst, die du jetzt verabschieden kannst. Denke Zuversicht und erwarte das Beste vom Leben. Doch sei dir auch der Hindernisse bewußt, die Angst und Zweifel heißen.

ERBLÜHE ...

DEIN INNERES WESEN
LASS ES ERBLÜHEN
HINEIN INS REIFE LEBEN
VERSCHENKE DICH AN DIE WELT
UND SEI VERSUNKEN WIE
EIN KIND IM SPIELE
GANZ IM EINKLANG
MIT DIR SELBST

Hingabe

Hingabe bedeutet sich selbst zu verschenken. Sie wird oft mit Selbstaufgabe verwechselt und löst deswegen Angst aus.

Doch du kannst dich erst wirklich hingeben, wenn du zuvor ganz du selbst geworden bist.

Also sei dir selbst treu und werde der/die, der/die du bist. Verströme dein inneres Wesen in die Welt hinein, und bringe dich vollständig zum Ausdruck.

Hingabe ist nicht Selbstaufgabe, sondern wahre Selbstverwirklichung. Indem du dich vollkommen dem Leben hingibst und dich verschenkst, wirst du alles bekommen, was das Leben dir zu geben vermag.

Entspannung in das Loslassen -
Meditation über Hingabe

Bist du fähig, dich vollkommen dem Leben hinzugeben, und ganz in der Gegenwart aufzugehen? Wenn du dich auf diese Weise dem lebendigen Augenblick überlassen kannst, dann bist du mit Freude erfüllt und dein Leben ist reich und vollkommen.

Wo versuchst du das Leben zu kontrollieren und im Griff zu haben? Traust du ihm nicht - traust du dir nicht? Welche Befürchtungen hegst du, wenn du die Kontrolle aufgibst und dich dem Strom des Lebens anvertraust? Hast du Angst, verloren zu gehen, oder darin unterzugehen?

Wenn du doch nur vertrauen und loslassen könntest! Springe in diesen Fluß des Lebens und stelle fest, daß du schwimmen kannst, und daß du, wenn es dir gelingt dich treiben zu lassen, an dein Ziel getragen wirst.

Entspannung in die Hingabe -
Meditation über die Liebe in Freiheit

Liebe ist nur in Freiheit wirklich lebendig, und die Hingabe ist die Fähigkeit sich zu verlieren, um sich neu und verwandelt wiederzufinden.

Kannst du dich noch in dem was du tust verlieren und dich, wie ein Kind, dem Augenblick hingeben und ganz darin aufgehen, um dann neugeboren und verändert daraus hervorzugehen? Oder hältst du fest - mußt du die Kontrolle behalten - aus der Angst heraus, für immer verloren zu sein?

Aber bedenke: Die Essenz - das tiefste Innerste deines Wesens - ist unzerstörbar und unsterblich. Sie überdauert die begrenzte Zeit, die du als Mensch in einem sterblichen Körper hier auf der Erde verbringst. **Geburt - Tod - Wiedergeburt.** *Das Leben ist ein ewiger Kreislauf der Verwandlung, und deine Seele reitet darauf wie die Welle auf dem Ozean.*

Meditiere über Liebe, Hingabe und Freiheit.

Sicherheit

Das Gefühl von Sicherheit ist eine Illusion, weil es dir vorgaukelt, daß du die Dinge festhalten und kontrollieren kannst.

Das Leben ist unsicher, da es durch Wandel und Veränderung geprägt ist. Selbst der Tod, von dem du annimmst, daß er mit Sicherheit endgültig ist, ist nur ein Übergang in ein neues Leben.

Also habe keine Angst, und halte dich nicht krampfhaft an vermeintlichen Sicherheiten fest, von denen du glaubst, daß sie dir Halt und Stabilität verleihen können. Wenn du das tust, erzeugst du Schmerz und Leiden.

Schmerz entsteht durch Widerstand gegen den Wandel. Das Beste was du tun kannst ist, dich vertrauensvoll dem Fluß des Lebens zu überlassen und mit ihm einen Tanz zu beginnen, der leicht und spielerisch ist.

Wenn du so mit dir selbst und mit dem Universum im Einklang lebst, dann betrittst du einen Raum in deinem Inneren, wo du - jenseits aller äußeren Sicherheiten - aufgehoben und geborgen bist.

STIRB UND WERDE ...

AUCH DER TOD
IST NUR DAS LEBEN
IN SEINER UNVERGÄNGLICHKEIT
LEBE, VERGEHE UND
KEHRE WIEDER
IN EINEM ANDEREN KLEID

UND SELBST DAS LEBEN
IST EIN STERBEN
IN DIE VERGÄNGLICHKEIT
GEHORCHE DEM
GESETZ DES WANDELS UND
ZERFLIESSE IN DIE ZEIT

Leben und Tod

Leben und Tod sind die beiden Seiten eines Ganzen. Sie sind untrennbar miteinander verbunden.

Der Tod ist die Geburt in ein neues Leben. Du hast Angst vor dem Tod, weil du ihn als das Ende von allem betrachtest, doch jede Veränderung, jede Wandlung bedeutet den Tod des Alten und ist eine Geburt, der Beginn von etwas Neuem.

Leben und Tod, Tod und Leben. Man kann das eine nicht ohne das andere wirklich verstehen.

Hast du dir schon einmal die Frage gestellt, auf welcher Ebene Tod und Sterben existieren? Es ist die Ebene deines Körpers und der Materie, denn diese unterliegen dem Gesetz des Wandels und sind dadurch sterblich.

Doch deine Seele ist unsterblich. Sie ist der Teil deines Wesens, der mit der Ewigkeit verbunden ist.

Entspannung in die Leere -
Meditation über das Leben und den Tod

Sei dir bewußt, daß das Leben ein ewiger Kreislauf von Geburt und Tod ist, und daß das Sterben die Voraussetzung dafür ist wiedergeboren zu werden. Warum hast du Angst vor der Leere? Spürst du den Abgrund des Nichts, der dich verschlingen und auslöschen könnte? Aber wer wird da verschlungen und ausgelöscht, wenn du in die Leere eintauchst und dich ihr hingibst?

Meditiere über die Frage: „Wer bin ich, und welcher Teil von mir hat Angst vor der Vernichtung?" Was kommt in Bewegung, wenn du dir diese Frage stellst, und zu welchen Antworten führt sie dich?

Leere (Entleerung) und Fülle (Erfüllung) sind die zwei Pole eines Geschehens, das Leben und Wachstum heißt. Gib dich diesem Geschehen hin, denn du kannst nur gewinnen, und verwandelt daraus hervorgehen.

Entspannung in das Leben und in den Tod - Meditation über das Geborenwerden

Jeder Tag ist ein Tag des Sterbens und des Geborenwerdens - du läßt Altes hinter dir, um offen und bereit für das Neue zu sein. Leben und Tod bilden einen Übergang, eine Schwelle die du überschreitest, eine Tür durch die du gehst, und wenn du einen neuen Raum betrittst, dann weißt du doch zugleich, daß du dich auch davon wieder verabschieden und weitergehen mußt. Es liegt an dir, wie lange du dich in einem Raum aufhalten willst und welchen Schatz an Erfahrungen er für dich bereithält. Doch es kommt die Zeit, wo du weitergehen solltest.

Betrachte jetzt dein Leben unter folgendem Gesichtspunkt: In welchem Raum befindest du dich gerade und wann ist es an der Zeit weiterzugehen? Fällt es dir schwer, dich zu trennen und einen Schritt nach vorne zu tun, um eine neue Türe zu durchschreiten?

Doch bedenke: Das Leben ist fortwährende Bewegung, ein ewiges Sterben und Geborenwerden. Du kannst diesem Geschehen Widerstand entgegensetzen, indem du versuchst es aufzuhalten, oder du kannst dich ihm vertrauensvoll überlassen - offen und neugierig, wohin es dich tragen will.

VERGEBUNG

VERGEBUNG IST EIN GESCHENK
DAS DU DIR SELBER GIBST
SIE ÖFFNET DEIN HERZ DER LIEBE
FÜR DIE DU NOCH IMMER
VERSCHLOSSEN BIST

Vergebung I

Vergebung öffnet wieder die Tür zu deinem Herzen. Sie reißt die Mauern ein, die du errichtet hast, um dein verwundetes Herz zu schützen. Sie löst den tiefsitzenden Groll auf, der dich selbst am meisten trifft, und der dich weiterhin verletzt. Deshalb ist Vergebung vor allem ein Geschenk an dich selbst.

Wenn du dich in deinen Schmerz verbissen hast und ihn festhältst, dann bist du nicht mehr erreichbar für die Liebe und die Erfüllung, die sie dir schenken kann. Du haderst mit den Menschen, von denen du glaubst, daß sie dir diesen Schmerz zugefügt haben. Doch bedenke: Du kannst nur dann verletzt werden, wenn du es zuläßt. Es sind vielmehr dein Haß und deine Rachegefühle, die dich am allermeisten verletzen, und nicht das Tun oder Lassen eines anderen Menschen.

Haß und Rache binden dich an die Vergangenheit. Vergebung erlöst dich und macht dich frei. Du selbst erschaffst dir deine Realität - die Schmerzen wie die Freuden deines Lebens. Vor allem die Schmerzen können dich viel über dich selbst lehren. Also an-erkenne sie und bekämpfe sie nicht. Öffne dein Herz der Liebe, für die es geschaffen wurde: Denn die Liebe ist der größte Heiler.

Vergebung II

Vergebung ist der Schlüssel zu deinem Herzen. Wenn du vergibst - vor allem dir selbst - öffnet sich dein Herz und wird wieder empfänglich für die Liebe.

Vergebung heilt dein Herz, das die Mitte deines Wesens ist, und wenn dein Herz heil ist, dann bist du offen und bereit für die bedingungslose Liebe. Sie ist der Weg zurück zu Gott und in die Einheit. In der bedingungslosen Liebe bist du verbunden mit ALLEM WAS IST und lebst im Einklang mit dem Ganzen. Dann hast du jede Trennung und jeden Konflikt, die Schmerz und Leid verursachen, überwunden.

Vergib - dir selbst und anderen - und sei offen für die Liebe, die das ganze Universum durchströmt.

Entspannung in die Liebe -
Meditation über Vergebung

Was hindert dich daran, dein Herz ganz der Liebe zu öffnen? Stelle dir einmal diese Frage und achte darauf, welche Gefühle in diesem Moment Besitz von dir ergreifen. Lasse sie zu und fühle deinen Haß, deinen Groll und auch deine Rachegefühle in dir hochsteigen. Schenke ihnen deine Be-Achtung und An-Erkennung.

Fühle und atme ..., atme und fühle ...

Wenn diese Gefühle sehr stark in dir werden, dann drücke sie aus, indem du einen „Haß- und Rachetanz" gestaltest. Tanze, bis wieder Ruhe in dir eingekehrt ist. Finde dann einen Platz, an dem du dich hinlegen kannst, um Kontakt mit dir und mit deinem Herzen aufzunehmen. Wen verletzen dein Haß und deine Rachegefühle am allermeisten - die Menschen, gegen die sie gerichtet sind oder gar dich selbst? Meditiere über diese Frage.

Vielleicht erklärst du dich jetzt bereit für die Vergebung, die die Tür zu deinem Herzen wieder öffnet. Sie schafft Frieden, in deinem Inneren und in deinem Zusammen-Sein mit anderen. Du bist dem Ziel etwas nähergekommen: Die bedingungslose Liebe zu leben - bedingungslose Liebe zu dir selbst und zu deinen Mitmenschen.

GEBOREN WERDEN ...

BIS DEIN WESEN IST GEBOREN
UND DIE SEELE GANZ ERWACHT
KANN DEIN LEBEN
TAUSENDMAL SICH WIEDERHOLEN
IMMER NEU UND DOCH
ALTHERGEBRACHT

Erlösung

Erlösung ist die Befreiung von dem Zwang, die Erwartungen anderer zu erfüllen, um Anerkennung und Bestätigung von außen zu bekommen. Sie geschieht, wenn du mit deinem Innersten in Kontakt kommst, und wenn du dich in allem was du bist und was du tust annimmst und zum Ausdruck bringst. Dann hast du dich in deiner Mitte verankert und bist im Einklang mit dir selbst.

Jetzt kann die höhere Macht durch dich hindurch wirken. Ganz du selbst und gleichzeitig ein offener Kanal für die göttliche Eingebung, bist du ein Segen für alles und jeden, mit dem du in Berührung kommst.

Erlösung geschieht, wenn du den Weg nach innen gehst, und wenn du dich mit dem Göttlichen in deinem Inneren verbindest.

Entspannung in die Erlösung -
Meditation über das Loslassen

Es erfordert Glaube und Vertrauen, sich vollkommen dem Leben hinzugeben. Wo versuchst du das Leben zu kontrollieren, aus der Vorstellung heraus, dadurch Schmerz und Leiden zu vermeiden? Warum fällt es dir so schwer dich zurückzulehnen und dich vertrauensvoll hinzugeben - loszulassen, um mit dem Leben zu gehen und nicht dagegen anzukämpfen? Wovor hast du Angst? Was könnte dir das Leben antun, wogegen du dich schützen mußt?

Schließe die Augen und vertiefe dich in diese Fragen, die dir das Leben stellt. Welche Antworten hält es für dich bereit?

Erlösung geschieht, wenn du deinen inneren Widerstand aufgibst und bedingungslos JA sagst - zu dir selbst und zu allem was dir das Leben entgegenbringen will. Verstehe: Das Leben ist ein Geschenk, ein fortwährendes Auf und Ab, und du bist ein wesentlicher Teil davon. Also schwinge mit im Tanz des Lebens - leicht und unbeschwert.

LEIB

LEIB -
VERKÖRPERUNG MEINER SEELE
DU GEHST DEINEN WEG
ZWISCHEN GEBURT UND TOD
BEGRENZT UND VERGÄNGLICH
SCHWERKRAFT VERBINDET DICH
MIT DER ERDE
UND DU ERGIBST DICH IHR
STERBEND VOLL UND GANZ

LEIB -
AUSDRUCK DES LEBENS
SPIEGEL MEINES SELBST
GESCHLAGEN UND MISSACHTET
GEFANGEN IN FALSCHEN
VORSTELLUNGEN
FINDEST DU BEFREIUNG IM TANZ

Sexualität und Spiritualität

Sexualität und Spiritualität werden als Gegensätze betrachtet, doch in Wahrheit bilden sie eine Einheit. Sexualität ist ein Ausdruck der Kraft und Energie des Körpers, und Spiritualität ist die Macht des Geistes.

Wenn du sie nicht voneinander trennst, sondern miteinander verbindest, dann findet ein alchemistischer Prozeß in deinem Inneren statt, der beide auf eine höhere Ebene des Bewußtseins und des Verstehens hebt: Eine wahrhaft erleuchtete Sexualität und eine sinnliche Spiritualität, die erfahrbar ist und im Alltag gelebt werden will.

Es ist die Vermählung - die alchemistische Hochzeit - von Himmel und Erde.

UNENDLICHKEIT

**DER MENSCH IST WIE EINE
UHR IM FLUSS DER ZEIT
ERINNERE DICH, VERGISS
UND KEHRE HEIM
IN DIE UNENDLICHKEIT
AUS DER DU GEKOMMEN BIST**

Ewigkeit

Ewigkeit ist die Zeitlosigkeit des Universums. Sie ist das auf alle Zeiten Existierende und liegt in allem Lebendigen verborgen. Ewigkeit ist also die versteckte Dimension in deinem Inneren, und dein Ziel sollte es sein, mit ihr wieder in Kontakt zu kommen. Ewigkeit scheint auf, wenn du mit deiner Seele in Verbindung trittst, und wenn du ihr im gegenwärtigen Augenblick Ausdruck verleihst.

In tiefer Versenkung, wenn das Außen stillsteht und du mit deinem inneren Wesen in Einklang kommst, dann bist du an die Ewigkeit angeschlossen. Eine Stille ergreift von dir Besitz, die dich in einen Raum entführt, der magisch und wunder-voll ist.

Verbinde dich mit dem ewigen Gesetz und mit der Kraft, die die Ewigkeit durchströmt. Es ist die Kraft Gottes - all(es)umfassend und all(es)durchdringend. Tauche ein in diesen Raum in deinem Inneren, der dich mit der Ewigkeit verbindet.

NACHT

TRAURIGKEIT DIE MICH UMFASST
UND DEREN SCHWERE
MEIN HERZ DRÜCKT
DAS NICHT MEHR LACHT

EIN SCHATTEN LEGT SICH
AUF MEIN GESICHT -
WILL NICHT WEICHEN
UND ES GELINGT MIR NICHT
IHN ZU VERTREIBEN

DUNKELHEIT UMHÜLLT MICH
GIBT MICH NICHT FREI
ICH ÖFFNE DIE AUGEN
UND LICHT WARD DABEI

ICH SCHAUE NACH INNEN
UND MIR IST KALT
SUCH DANN DIE WÄRME -
DRAUSSEN HALT

ICH KANN NICHT ENTFLIEHEN,
NICHT ENTKOMMEN
MUSS TRAUER, KÄLTE, DUNKEL -
DIE NACHT IN MIR SELBER FINDEN

FREUDE, WÄRME UND LICHT
WERDEN ZU MIR KOMMEN
ICH SUCH' SIE NICHT AUSSEN
SONDERN IM INNERN

Erleuchtung

Erleuchtung ist ein Weg, kein Ziel. Sie ist ein Entwicklungsprozeß des Bewußtseins, der von dir verlangt, daß du deinen Blick nach innen richtest. Er erfordert, daß du die Schattenseiten deines Wesens ins Licht des Bewußtseins rückst, und daß du Licht in die dunklen Ecken deines Inneren bringst. Erleuchtung ist also ein innerer Transformationsprozeß, der dich auf immer höhere Ebenen der Wahrnehmung und der Bewußtheit hebt.

Erleuchtung ist ein inneres Geschehen, das nie abgeschlossen ist, sondern in diesem immerwährenden Prozeß erstrahlt dein inneres Wesen in immer helleren und leuchtenderen Farben. Entzünde dein inneres Licht und lasse es hell erstrahlen. Sei ein Lichtträger - für dich und für die Welt.

Entspannung in die Erleuchtung - Meditation über Leichtigkeit

Du bist erleuchtet, wenn dein gesamtes Wesen mit dem göttlichen Licht des Bewußtseins durchdrungen ist. Du hast dich dann von Dunkelheit und Schwere befreit und Körper und Materie mit dem Licht des Geistes erhellt. Dies geht mit einem starken Gefühl von Leichtigkeit einher, weil Körper und Geist sich miteinander verbunden und dich verwandelt haben.

Was hindert dich daran, leicht und unbeschwert durchs Leben zu gehen? Es sind deine Gedanken. Achte einmal darauf, ob sie ein Ausdruck der Liebe sind, oder ob sie von Angst und Haß geprägt werden. Denke ab sofort nur solche Gedanken, die dich aufbauen und erheben. Werde zum Meister deiner Gedanken und dadurch zum Schöpfer und Gestalter deines Schicksals.

Trete aus der Dunkelheit ins Licht. Erkenne wer du in Wirklichkeit bist - ein erleuchtetes göttliches Wesen, das jeden Augenblick sein Leben selbst erschafft.

Leichtigkeit

Leichtigkeit kann entstehen, wenn du jeden Widerstand aufgibst - der ein Ausdruck von Angst ist - und wenn du dich dem Leben voller Vertrauen hingibst. Du überläßt dich dem Fluß des Lebens und folgst ihm mit offenem Herzen wohin er dich führen will. Leichtigkeit ist eine Qualität des Herzens, die voraussetzt, daß du Vertrauen in dich und in das Leben hast. In der Leichtigkeit an-erkennst du, daß hinter allem die göttliche Macht wirkt, die es gut mit dir meint, die an deinem Wachstum interessiert ist und dir alles Notwendige zur Verfügung stellt, damit dies geschieht.

Diese höhere Macht kann nur in dir und durch dich zum Ausdruck kommen, und in deinem Leben hat sich Leichtigkeit verwirklicht, wenn du zu einem offenen Kanal geworden bist, durch den hindurch sich diese höhere Macht schöpferisch in der Welt entfalten kann. Leichtigkeit ist vollkommene Harmonie mit dir selbst und mit dem Universum.

NEUE HOFFNUNG

HOCH AUF FERNEN BERGEN
DIE KALT UND UNNAHBAR
WÄCHST EINE ZARTE BLUME
VOR ALLER AUGEN UNSICHTBAR
DRINGT SANFT IN DIESE FESTUNG
AUS STEIN UND HÄRTE EIN
UND ZEIGT DURCH DIESES BEISPIEL
DASS HOFFNUNG DOCH KANN SEIN

Glaube

Glaube ist nicht blind, sondern er beruht auf einer inneren Gewißheit. Er wird von Vertrauen und Hoffnung getragen. Es ist deine innere Stimme, auf die der Glaube aufbaut. Glaube setzt also voraus, daß du im Einklang mit dir selbst und deinem inneren Wesenskern bist.

Wenn du einen inneren Zwiespalt in dir trägst, dann bist du voller Zweifel und Hoffnungslosigkeit und der Glaube kann in dir nicht wachsen und gedeihen. Doch damit hast du dich von einer starken Wurzel abgeschnitten, denn ohne Glaube, Vertrauen und Hoffnung kann das Leben nicht sein.

Geduld

Geduld beruht auf Glaube und Hoffnung. In der Geduld kommt das Vertrauen in die göttliche Ordnung zum Ausdruck. Sie ist das Schwierigste das du erreichen kannst. In ihr wird die Unerschütterlichkeit deines Glaubens geprüft und ob du, trotz vieler Widrigkeiten und Rückschläge, an dem Vertrauen in dich selbst und in die göttliche Macht festhältst.

Geduld ist die Gewißheit, daß das Leben es letztendlich gut mit dir meint, und sie ist das Wissen darum, daß es für alles was geschieht den richtigen Ort und den richtigen Zeitpunkt gibt. Glaube, vertraue und übe dich in Geduld, denn auch deine Zeit wird kommen.

BE-WEG-UNG UND ZIEL

EIN ETWAS VOLLER HARMONIE
SICH DURCH DAS DASEIN SCHWINGT
UND DAS GEFÜHL VON LEICHTIGKEIT
UND AUCH BEWEGUNG BRINGT
IST JUST AN DIESEN PUNKT GEKOMMEN
WO DIE WANDLUNG STOPPT
FRAGT SICH NUN WIE DIE RICHTUNG IST
WOHIN DAS LEBEN LOCKT

Weg und Ziel

Weg und Ziel sind eine Ganzheit, und wenn du sie voneinander trennst, gehst du in die Irre. Bedenke: Der Weg ist das Ziel und das Ziel ist der Weg.

Was ist das Ziel? Ist es für jeden Menschen gleich? Das Ziel ist Gott, oder auch die Einheit mit dem Licht, und der Weg dorthin ist die Liebe. Jeder Mensch ist einmalig - so auch du - und wenn du mit deinem tiefsten Wesenskern verbunden bist, dann bringst du deine besondere Essenz zum Ausdruck, die deine Einmaligkeit widerspiegelt.

Das Ziel ist Gott, der Weg ist die Liebe.
Gott ist die Einheit von ALLEM WAS IST -
er ist all(es)umfassende Verbundenheit.

Das Göttliche ist die stärkste Kraft im Universum und die Liebe ist der größte Heiler. Sie vereinigen, was zuvor getrennt war und im Widerspruch zueinander lag. Erwecke die Liebe in deinem Herzen, denn sie führt dich Schritt für Schritt näher zu Gott, von dem du ein Teil bist. An-erkenne Gott, und du an-erkennst dich selbst.

Entspannung in das Leben -
Meditation über Weg und Ziel

Beobachte wie das Leben sich in dir bewegt. Nimm immer genauer und bewußter wahr, wo und wie du diese Bewegung spürst. Wenn du Lust dazu hast, dann kannst du diese innere Bewegung nach außen in den Raum weiterleiten und deinen ganz persönlichen Tanz des Lebens gestalten. Wohin führt dich diese innere Bewegung? Willst du ihr folgen?

Während du dich durchs Leben bewegst, sei dir beider Pole bewußt: Deiner Be-weg-ung die ein Weg ist, und die eine Richtung und ein Ziel hat.

Weg und Ziel, Ziel und Weg.

ES WILL EIN MENSCH ...

ES WILL EIN MENSCH
DER IN DER EINSAMKEIT ERTRINKT
UND DESSEN WUNSCH NACH
LIEBE UND ERFÜLLUNG KLINGT
SICH IN DER UMARMUNG
SEINER SEHNSUCHT WIEGEN
UND DIE UNNAHBARKEIT
IN SICH SELBST BESIEGEN

ES WILL EIN MENSCH
DER VOLLER LUST UND FREUDE IST
UND DER DAS LEBEN AN
SEINER AUSGEFÜLLTHEIT MISST
SICH IN DIE EINSAMKEIT BEGEBEN
UM SICH SELBST UND SEINE
INNERE LEERE ZU ERLEBEN

ERFÜLLUNG UND ENTLEERUNG
EINSAMKEIT WIE AUCH
GEMEINSAMKEIT
SIND ZUSAMMEN UND VERBUNDEN
JETZT UND FÜR ALLE ZEIT

Erfüllung

Erfüllung ist die Kehrseite der Entleerung. Fülle und Leere sind die zwei Pole eines Ganzen und bedingen sich gegenseitig.

Entleerung will sagen, daß du dich zuerst aller Masken und allem Überflüssigen entledigen mußt, um zum Kern deines Wesens vorzudringen und um den Raum zu erschaffen, in den hinein sich deine Essenz entfalten und verwirklichen kann.

Erfüllung ist Vollendung. Sie ist Selbstverwirklichung in jedem Augenblick. Wenn dein Selbst ganz geboren wurde, hast du dein Ziel erreicht und bist angekommen im Herzen allen Seins.

ATME ...

ATME LEICHT
UND WIE EIN HAUCH
AUS TAUSEND WOLKEN
MIT RUHE UND GELASSENHEIT
DEIN HERZ IN TIEFE SELIGKEIT

ATME TIEF
UND WIE DAS WOGEN
TAUSEND WINDBEWEGTER BLÄTTER
DURCHTRÄNKT VON
HEISSER SEHNSUCHT
DIE DU HAST ENTBOTEN
UND FÜHLE DIE LEIDENSCHAFT
IN DIR TOSEN

ATME RUND
WIE DAS VERMÄHLEN
VON TIEFE UND LEICHTIGKEIT
DURCH DEINEN MUND
UND WEBE DEN ZAUBER
DEINES WESENS IN DEN ATEM
DER AUS DIR UND
DEINER VERBUNDENHEIT KOMMT

Atem

Der Atem ist der Pulsschlag des Lebens, und er führt dich in die Einheit von ALLEM WAS IST. Atem ist Verbundenheit von Innen und Außen, Oben und Unten. Er ist wie eine Brücke, die das Ich mit dem Nicht-Ich, das Menschliche mit dem Göttlichen verbindet

Der Atem unterliegt einem Rhythmus - dem Tanz des Lebens - und er bewegt sich zwischen dem Einatem, mit dem du die Welt in dich aufnimmst, und dem Ausatem, mit dem du dich in die Welt verströmst.

Ein und aus,
innen und außen,
oben und unten,
Anspannung und Entspannung,
Festhalten und Loslassen

sind die Pole, zwischen denen sich der lebendige Atem hin- und herbewegt und die er miteinander verbindet.

Der Atem ist der Puls des Lebens - und wenn es dich atmet, dann bewegst du dich im Einklang mit Gottt und dem Universum.

Entspannung in den Atem - Meditation über Verbundenheit

Der Atem ist der Pulsschlag des Lebens - er verbindet dich mit dir selbst und mit der Welt. Ist es dir möglich, dich atmen zu lassen - dich dem Rhythmus des Lebendigen hinzugeben und ganz darin aufzugehen, so daß du eins wirst mit deiner Atembewegung?

Lenke deine Aufmerksamkeit auf den Atem und beobachte ihn, ohne kontrollierend einzugreifen. Wie spürst du ihn - wie spürst du dich? Gelingt es dir, dich mit dem Atem zu verbinden und dich von seinem Rhythmus führen zu lassen?

*Dieses **ewige Ein und Aus ...**, **Ein und Aus ...** - eine Bewegung, die dich von Augenblick zu Augenblick trägt. Gehe vollkommen darin auf und lebe - im JETZT.*

Entspannung in die Mitte des Herzens -
Meditation über den Atem

*Richte deine Aufmerksamkeit auf deine Atmung. Mache dir bewußt wie es dich atmet - **Aus, Ein, Aus ....** Du bist der Atem und der Atem ist in dir. Indem du ihm deine bewußte Aufmerksamkeit schenkst, dehnt er sich sanft aber unaufhaltsam in dir aus und fließt wie Wasser, wenn die Schleusen geöffnet werden, in jede Richtung deines Körpers - vom Zentrum aus bis in die Peripherie. Gehe mit deinem Atem und halte ihn nicht auf, sondern lasse ihn kommen und gehen, wie die Wellen am Strand eines Ozeans, die sanft vor- und zurückschwingen.*

Halte deinen Atem nicht fest, sondern folge ihm wohin er dich führen will - zu der Essenz deines Wesens, die in deinem Herzen verankert ist.

EINSAMKEIT ERKLINGE ...

ES WÄCHST DIE EINSAMKEIT
IN DEINEM HERZEN
DUMPF UND SCHWER
DU SPÜRST IHRE
VERNEINUNG SCHMERZEN
DIE TRÜGT UND SAGT
DASS ALLES LEER
UND SINNLOS WÄR

DOCH GLAUBE DASS
DEIN DASEIN SINNVOLL IST
UND DU NICHT GRUNDLOS
AUF DER ERDE BIST

ALSO LASSE DIE EINSAMKEIT
ERKLINGEN, LAUT UND KLAR
DENN SIE KANN DEIN VERSTEHEN
DARAUF LENKEN UND DICH LEHREN
ANZUNEHMEN WAS DAS LEBEN
DIR WILL SCHENKEN

Leere

Leere ist ein Raum jenseits aller Erwartungen und festen Vorstellungen. Leere ist bedingungslose Offenheit für alles was in jedem Moment neu entstehen und geboren werden will. Kreativität entspringt dieser Leere, und du kannst nur erfüllt werden, wenn du dich zuvor ganz entleert hast.

Doch du hast Angst vor der Leere, weil du sie fälschlicherweise mit Sinnlosigkeit gleichsetzt. Du verbindest Leere mit dem Nichts und mit dem Tod, vor dem du dich fürchtest, weil du ihn nicht verstehst. In der Tat ist das Eintauchen in die Leere ein Tod, den du sterben mußt um neu und verändert daraus hervorzugehen.

Du stirbst um wiedergeboren zu werden!

Der Tod ist nur ein Übergang von einem Zustand in einen anderen. Er ist auch symbolisch zu verstehen: Indem du stirbst und das Alte zurückläßt, kann das Neue erst entstehen. Die Leere ist ein Neubeginn und auch dessen Voraussetzung. Sie ist vollkommenes Loslassen, das wie ein Tod erlebt wird. Aber fürchte dich nicht - du wirst wiederauferstehen. Tauche ein in die Leere, um neu und verwandelt daraus hervorzugehen.

Entspannung in das Leben - Meditation über den Sinn

Wenn du dich fragst, welchen Sinn dein Leben noch oder ganz grundsätzlich hat, dann betrachte es einmal aus einem anderen Blickwinkel. Trete heraus aus deinem Alltagstrott, der vielleicht nicht mehr befriedigend für dich ist. Sehe ihn von außen an, quasi aus der Position des Zuschauers, oder wenn du willst auch von oben aus der Vogelperspektive.

Es kann sein, daß du plötzlich Dinge siehst, die dir bisher entgangen sind, daß du Zusammenhänge erkennst, die dir nicht bewußt waren, und daß du einen Sinn findest, wo du bisher nur Leiden und Schmerz gefühlt hast.

Meditiere über Sinn und Unsinn des Lebens, und sei auf Überraschungen und blitzartige Erkenntnisse gefaßt.

SAGE DASS ...

SAGE DASS DU DICH
IN JENEN AUGENBLICKEN
DIE MIT ANDACHT DICH
IN TIEFE SELIGKEIT ENTRÜCKEN
DEM LEBEN STARK
VERBUNDEN FÜHLST
VON DEM DU GANZ
DURCHDRUNGEN BIST

SAGE DASS DICH
WENN DU INNIG
MIT DIR SELBER BIST
DIE LIEBE TIEF
IM WUNDEN HERZEN TRIFFT
UND SICH DEIN SEHNEN
IN DIE EINSAMKEIT ENTFALTET
WOHIN KEIN ANDERER
DICH BEGLEITET

SAGE AUCH WENN DIE
LEBENDIGKEIT ERWACHT
DU SEHNSUCHT SPÜRST
AN DIE DU NICHT
IM TRAUM GEDACHT
DASS DICH ERFÜLLUNG
AUSGEDEHNT
DA FREUDE
IN DIR ÜBERSTRÖMT

Freiheit

Freiheit ist innere und äußere Unabhängigkeit. Du bist frei, wenn du dich mit deinem inneren Wesen verbunden fühlst und dich selbst lebst und ausdrückst.

Unabhängigkeit ist also eine Qualität die entsteht, wenn du ganz du selbst bist und dich von den Erwartungen anderer nicht mehr beeinflussen läßt. Dann befindest du dich im Einklang mit deinem Wesenskern und bist ganz in deiner Mitte verankert.

Freiheit ist eine Voraussetzung für die Entfaltung des Lebendigen - in ihr kann das Leben erst wachsen und gedeihen. Freiheit zu erreichen ist ein wesentliches Ziel des spirituellen und geistigen Wachstums. Erst wenn du frei und unabhängig bist, d. h. wenn du dich nur dir, deiner inneren Integrität und somit Gott verpflichtet fühlst, kann sich deine Seele in den Himmel erheben und davonfliegen.

Sei frei und fliege - lebe dich.

FLIEGE ...

FLIEGE IN DIE WEITE
DEINES HERZENS
WIE EIN VOGEL
UNGEBUNDEN UND MIT
BREITGESPANNTEN FLÜGELN

VERLIERE DICH GANZ
IN DEINER GRENZENLOSIGKEIT
UND FINDE DICH WIEDER
IN GOTT - IM HERZEN ALLEN SEINS

Entspannung in die Freiheit -
Meditation über Verlassenheit

Wenn du dich von Gott und der Welt verlassen fühlst, dann mache dir über Folgendes Gedanken:

Kann es sein, daß du dich deshalb so verlassen fühlst, weil du im Grunde genommen dich selbst - dein inneres Wesen - verlassen hast? Wo bist du dir untreu geworden und hast dich und deine tiefsten Überzeugungen im Stich gelassen, aus dem Bedürfnis heraus anderen zu gefallen? Suchst du immer noch Sinn und Sicherheit bei anderen Menschen? Überlege einmal, ob du schon eine gute Beziehung zu dir selbst aufgebaut und dich in allem was du bist angenommen hast?

Wenn du dich in deinem Wesenskern verankerst, dann bist du eingebunden und ungebunden zugleich, und dein Inneres wird der sicherste Ort auf der Welt für dich sein. Du bist frei zu bleiben oder zu gehen wohin du willst.

VERLANGEN DES HERZENS

FROH UND MIT FREUDE
ÖFFNET SICH DIE WEITE
DEINES HERZENS
DEM VERLANGEN
UND FOLGT HALB ZWEIFELND
HALB GEFANGEN
DER SEHNSUCHT
DIE MIT MACHT UND DRÄNGEN
HINABZIEHT IN DIE
VERWUNDBARKEIT
DER LIEBE
DIE SO OFFEN UND BEGLÜCKT
ES DIR GEBIETET
ZU FOLGEN JENER REISE
IN DIE UNAUSWEICHLICHKEIT -
KOMM UND SEI BEREIT

Sehnsucht

Sehnsucht ist der Drang, aus der Gespaltenheit und Getrenntheit in die Verbundenheit und Einheit zurückzukehren. Sie weist dir den Weg nach Hause. Sehnsucht ist die Suche nach deinem göttlichen Ursprung, nach der Quelle, die in dir selbst liegt und die du im Außen nicht finden wirst. Sucht ist die Suche im Außen, die kein Ende findet.

Die Erlösung geschieht, wenn du erkennst, daß du das was du suchst nur im eigenen Inneren finden kannst. Dann ist deine Sehnsucht gestillt und du bist angekommen. Frieden breitet sich aus und erfüllt dich. Du befindest dich im Einklang mit dir selbst und mit ALLEM WAS IST.

Entspannung in die Sehnsucht -
Meditation über Erfüllung

Was ist die größte Sehnsucht in deinem Herzen, und glaubst du noch an ihre Erfüllung? Hast du eine Vision, einen Traum, der deinem Leben einen Sinn und eine Richtung geben könnte? Oder findest du dich mit deinem Leben, so wie es ist ab und hast alle Träume und Sehnsüchte in deinem Inneren begraben?

Wie schade - wie hoffnungslos! Könntest du doch nur wieder zu diesen verborgenen Träumen und Sehnsüchten in deinem Herzen durchdringen und sie zum Leben erwecken. Setze dich bequem auf einen Stuhl und schließe die Augen. Versetze dich in die Kindheit zurück und erinnere dich an deine Kindheitsträume. Welche Träume hattest du als Kind und was ist aus ihnen geworden?

Schenke den Träumen und Sehnsüchten deines Herzens wieder Be-Achtung. Wässere sie, wenn sie verdorrt sind, so daß sie wachsen, gedeihen und Früchte tragen können. Denn Träume sind da, um in Erfüllung zu gehen.

Träume dein Leben und lebe deinen Traum.
Erfülle die Sehnsucht in deinem Inneren.

SCHULD UND UNSCHULD

DER URSACHE AUF DEN
GRUND ZU GEHEN
UND DAS BÖSE IN SICH
SELBST ZU SEHEN
IST WEISER ALS ES
IM AUSSEN ZU JAGEN
UND BLIND DIE GANZE
WELT ZU VERKLAGEN

Wahrhaftigkeit

Wahrhaftigkeit beruht auf innerer Integrität. Sie bedeutet, daß du in jeder Situation und in jedem Augenblick du selbst bist. Wahrhaftigkeit heißt, daß du dich bei deinem Tun und bei deinen Entscheidungen nicht von Außen und von den Erwartungen anderer leiten läßt, sondern einzig und allein von deiner inneren Stimme. Wenn du Wahrhaftigkeit lebst, bist du nur dir selbst verpflichtet und dem, was dir dein Gewissen rät.

Wahrhaftig zu sein bewirkt, daß du dich so zeigst wie du bist, und daß du dein inneres Wesen ungeschminkt zum Ausdruck bringst. Also sei dir selbst treu - sei wahrhaftig!

LIEBE IST ...

LIEBE IST VERBUNDENHEIT
VON DIR MIT DER GANZEN WELT
SIE WEBT EIN NETZ
AUS ALLEM WAS IST
ÜBERWINDET DIE EINSAMKEIT

LIEBE IST VERWIRKLICHUNG
VON DEM WAS IN DIR STECKT
IN DIE ERFÜLLUNG
DIESES AUGENBLICKS
DER DICH ZUM ANDEREN TRÄGT

UND LIEBE IST EIN WIEDERFINDEN
WENN DU DICH VERLIERST
UM DEIN HERZ
DEM ANDEREN ZU VERSCHENKEN
DER ES IN SICH BIRGT

Liebe

Liebe IST. Sie ist das Gegenteil von Angst und sie macht dich weit und offen. Liebe ist die Kraft, die die Welt zusammenhält, und die in ALLEM WAS IST wirkt und zum Ausdruck kommt. Liebe verbindet, sie ist der Grund des Daseins. Du bist auf der Erde um die Liebe zu erlernen, und du wirst viele Erfahrungen von Schmerz und „Scheitern" machen, bis du dein Ziel erreicht hast: Die bedingungslose Liebe zu leben, die alles und jeden einschließt.

Die Liebe ist Ziel und Weg zugleich. Sie ist die treibende Kraft, die bewirkt, daß du in jenen dunklen Stunden, in denen du alles in Frage stellst, dich wieder dem Leben zuwendest. Öffne dich der Liebe und begrüße sie in allem was dir begegnet, und dein Leben wird sich auf wunderbare Weise verändern und vollenden.

Reichtum

Du bist reich, wenn dein Herz mit Liebe erfüllt ist. Die meisten Menschen betrachten Reichtum nur als etwas Äußerliches, so wie den Besitz von Geld und von Dingen.

Wirklicher Reichtum ist jedoch ein innerer Seinszustand - eine Qualität des Herzens. Die Quelle wahren Reichtums liegt also nicht im Außen, sondern ausschließlich in deinem Inneren.

**Wenn dein Herz mit Liebe erfüllt ist,
dann bist du wahrhaftig reich.**

Deine Sehnsucht ist gestillt und alle Suche im Außen hat ein Ende. Du bist bei dir selbst angekommen.

Entspannung in die Offenheit -
Meditation über die Verletzlichkeit der Liebe

Atme und fühle den Schmerz in deinem Herzen und nimm wahr, wie du versuchst dich vor einer weiteren Verletzung zu schützen. Welche Mauern hast du um dich und dein wundes Herz errichtet? Doch indem du dich vor dem Schmerz schützt, hältst du auch die Liebe von dir fern und die Erfüllung, die sie dir zu schenken vermag.

Meditiere darüber, ob es noch sinnvoll und befriedigend für dich ist, dein Herz hinter einer Mauer der Unverletzlichkeit zu verstecken, oder ob es jetzt nicht an der Zeit ist, dich für die Liebe zu öffnen? Offenheit macht dich empfänglich und verletzlich - sowohl für die Freuden der Liebe, als auch für ihren Schmerz. Doch bedenke was die Alternative ist: Dein Sterben hinter verschlossenen Mauern?

LIEBE HEILT ...

**LASSE DEIN HERZ
SICH ERHEBEN
AUF DEN SCHWINGEN
DER VERGEBUNG
AUS DER BEGRENZUNG
DEINER EINSAMKEIT
IN DIE FREIHEIT
DER LIEBE DIE HEILT**

Heilung

Heilung geschieht, wenn du aus der Gespaltenheit und Getrenntheit, in die Verbundenheit und Einheit zurückkehrst. Auf der tiefsten Ebene bedeutet Krankheit die Trennung von deinem Wesenskern und dadurch die Trennung von Gott und dem Leben. Heilung heißt also wieder in Einklang mit sich selbst und mit dem Leben zu kommen.

Was hat dich von dir selbst getrennt? Es ist dein Mangel an Selbstliebe, Selbstwert und Selbstachtung.

Erwecke die Liebe in deinem Herzen. Fühle die Verbundenheit mit dir und mit ALLEM WAS IST, und Heilung kann geschehen.

Entspannung in die Vergebung - Meditation über Heilung

Vergebung ist der Schlüssel zur Heilung deines Herzens und wenn dein Herz heil ist, dann bist DU heil.

Finde eine bequeme Haltung und schließe die Augen. Richte deine Aufmerksamkeit nach innen auf dein Herz, das die Mitte deines Wesens ist. Was spürst du da, wie fühlt es sich dort an? Wenn du viel Groll, Haß und Wut wahrnehmen kannst, dann lasse diese Gefühle zu und an-erkenne sie. Kämpfe nicht dagegen an, denn sie sind ein Teil von dir, und wenn du sie ablehnst und verurteilst, dann verurteilst du im Grunde genommen nur dich selbst.

Es ist die Vergebung, die dein Herz öffnet und die zur Heilung und in die Ganzwerdung führt. Diesen Weg zu gehen bedeutet, die bedingungslose Liebe zu leben, die nichts und niemanden ausschließt, sondern vielmehr alles und jeden einschließt. Liebe ist der Weg in die Einheit - sie verbindet dich mit dir selbst und mit ALLEM WAS IST.

Entspannung in die Verbundenheit -
Meditation über Ganzheit

Du bist heil, wenn du ganz bist und das Licht des Bewußtseins dein gesamtes Wesen durchdringt. Wenn du heil bist, dann bist du verbunden - mit dir und mit ALLEM WAS IST. Es ist die Liebe, die alle Trennungen überwindet und die vereint.

Blicke in dein Herz. *Was siehst du? Ist es Liebe, die dich verbindet und vereint, oder ist es Haß, der dich trennt - von dir selbst und vom Leben?*

Erwecke die Liebe in deinem Herzen, indem du ihr Ehrerbietung und Aufmerksamkeit schenkst. Dehne das Liebesgefühl in dir aus und löse den Haß in Liebe auf, denn die Liebe ist stärker als dein Haß. Wenn du IN LIEBE BIST, dann bist du vollkommen verbunden mit der göttlichen Gegenwart.

VERZÜCKUNG

**EIN ZAUBER DER MIT
FREUDE UND ENTZÜCKEN
DER UNENDLICH FERNEN
UNSAGBAR INSGEHEIMEN
STILLE ZUGENEIGT
IST IN EWIGER
GLÜCKSELIGKEIT GEFANGEN
WO DER HIMMEL SICH ÖFFNET
UND SICH MIT UNS VEREINT**

Bewußtsein

Bewußtsein ist das Licht des Geistes, das alles durchdringt. Bewußtsein zu erlangen und Licht in die Dunkelheit zu bringen ist die Aufgabe eines jeden Menschen hier auf der Erde. Bewußtsein entsteht, wenn du aus deinen eingefahrenen Verhaltens- und Reaktionsmustern in denen du gefangen bist heraustrittst, und dein Leben losgelöst aus der Vogelperspektive betrachten kannst. Mit dieser erweiterten und höheren Sichtweise verstehst und erkennst du plötzlich Dinge, die dir bisher verborgen waren.

Das Licht des Bewußtseins schenkt dir die Freiheit der Entscheidung und des Handelns. Du bist nicht länger ein Gefangener deines Unbewußten und der Dunkelheit in dir, sondern frei und unabhängig.

Entspannung in den Geist -
Meditation über das Bewußtsein

Hast du dir schon Gedanken darüber gemacht, wer du in Wirklichkeit bist - hinter all den Fassaden und Masken, die du dir und der Welt zeigst? Denkst du, daß du ein begrenztes Wesen bist, das in einem Körper gefangen ist? Aber was wäre, wenn du größer wärst als du zu sein glaubst? Und was, wenn dein Bewußtsein unbegrenzt ist, so du ihm nur die Erlaubnis erteilen könntest sich auszudehnen?

Finde eine bequeme Körperhaltung und schließe die Augen. Komme zuerst mit dem Bild das du von dir hast in Kontakt. Was denkst du über dich selbst? Welchen Raum gestehst du dir zu? Was erscheint dir als möglich und was als unmöglich? Wie weit oder eng sind die Grenzen, die du dir gesteckt hast?

*Dehne jetzt dein Bewußtsein aus. Lasse es immer größer und weiter werden, bis es das gesamte Universum umfaßt. Wenn das geschieht, wirst du erkennen, daß alles eins ist - **ALL-EINS-IST**: Du bist ein Teil des Universums und das Universum ist ein Teil von dir.*

Entspannung in das Bewußtsein -
Meditation über die An-Erkennung

Liebst du dich - bedingungslos und ohne wenn und aber? Oder lehnst du Teile deines Wesens ab und hast sie in die Dunkelheit verbannt? Setze dich vor einen Spiegel, so daß du dich nach Möglichkeit **vollständig** *darin sehen kannst. Sage JA - vorbehaltlos und bedingungslos JA zu dir selbst. Fällt es dir schwer, oder ist es sogar unmöglich für dich das zu tun? Was lehnst du an dir ab, wo verurteilst du dich? Setze dich damit auseinander und mache es dir bewußt.*

Schließe jeden abgelehnten Teil in dein Herz und bejahe ihn, so daß du auf diese Weise Stück für Stück alle deine Wesensanteile - die geliebten wie die ungeliebten - erkennst und annimmst. Führe dies weiter, bis du dich ganz und vollständig fühlst. Wenn du jeden Aspekt deines Wesens an-erkennst, dann hast du das Licht in deinem Inneren entzündet und bist zu vollem Bewußtsein erwacht.

Variation 1

ERWACHE ...

ERWACHE AUS DEM TRAUM
IN DEM DU GEFANGEN BIST
IN DIE VERZAUBERUNG
DES AUGENBLICKS -
DIE AUGENBLICKLICH IST

TANZE IN DIE ALLGEGENWART
VERBINDE DICH MIT DEM SEIN
BEWEGE DICH VON JETZT ZU JETZT
IN DIE EWIGKEIT HINEIN

Licht

Licht ist die Essenz des Göttlichen und von ALLEM WAS IST. Licht ist die Flamme des Bewußtseins und des Geistes, und die Aufgabe eines jeden Menschen ist es, immer mehr Licht in die Dunkelheit zu bringen. Es ist das Ziel der spirituellen Reise, daß du immer größere Bewußtheit erlangst, und daß du von einem blind reagierenden Wesen zu einem vollbewußten und erleuchteten Menschen heranreifst. Licht durchdringt alles was existiert, und selbst in der größten Dunkelheit kannst du immer noch einen kleinen Lichtschimmer erblicken. Je mehr du dich und dein Leben daraufhin ausrichtest und das Licht in deinem Inneren entzündest, desto enger schließt du dich an das Göttliche in dir und außerhalb von dir an.

Entzünde das Licht in deinem Inneren und lasse es leuchten, auf daß du zu einem Hoffnungsstrahl für jeden Menschen wirst, der sich in der Dunkelheit verirrt hat.

Entspannung in die Freude -
Meditation über das Licht

Du bist Licht und Licht ist in allem und überall um dich herum. Du kannst dieses Licht in dich aufnehmen und dich damit erfüllen. Richte deine Aufmerksamkeit auf die Chakren und lasse das Licht in deiner Vorstellung in sie hineinfließen, angefangen beim Wurzel-Chakra an der Basis deiner Wirbelsäule, bis zum Scheitel-Chakra am höchsten Punkt des Kopfes.

Wenn du keine genaue Vorstellung von den einzelnen Chakren hast, dann lasse das Licht in jeden einzelnen Wirbel deiner Wirbelsäule flie-ßen, bis sie eine Lichtsäule bildet, die das Becken mit dem Kopf verbindet. Du kannst das Licht in den gesamten Körper hinein ausdehnen und über dich hinaus in den Raum, in dem du dich befin-dest.

Sei dir bewußt, daß du ein Lichtfunke bist. Du bist ein Teil des göttlichen Lichtes, das in allem wirkt und lebendig ist. Entzünde das Licht in dei-nem Inneren und lasse dich von der ihm inne-wohnenden Freude anstecken.

Variation 2

ERWACHE ...

**ERWACHE AUS DEM SCHLAF
IN DEN DU GEFALLEN BIST
IN DIE VERZAUBERUNG
DES AUGENBLICKS -
DIE AUGENBLICKLICH IST**

**TANZE IN DIE ALLGEGENWART
VERBINDE DICH MIT DEM SEIN
BEWEGE DICH VON JETZT ZU JETZT
IN DIE EWIGKEIT HINEIN**

Erwachen

Wenn du erwachst, erkennst du, wer du in Wirklichkeit bist. Du wirst dir hinter aller Masken und Fassaden, die dein eigentliches Wesen verbergen, deiner Bestimmung bewußt und warum du hier auf der Erde bist. Du entzündest dein inneres Licht, das die Dunkelheit erhellt und dir den Weg weist. Du erkennst jetzt diesen Weg und kannst ihn zielgerichtet gehen. Alle Umwege und Irrwege haben ein Ende.

Erwachen ist das Erkennen,
daß dich dein Weg ins Licht und
zurück zu Gott führt.

Gegenwärtigkeit

Gegenwärtigkeit ist immer **jetzt** - sie ist vollkommenes Da-Sein im Augenblick. Wenn ein Teil von dir sich in der Vergangenheit befindet oder die Zukunft vorwegnimmt, dann lebst du nicht vollständig im Jetzt, in der Gegenwart, sondern du bist in dir gespalten.

Dein Körper verbindet dich mit der Gegenwart, denn er existiert immer im lebendigen Augenblick, auch wenn du es nicht wahrnimmst. Es sind deine Gedanken, die dich von der Gegenwart und deinem Körper wegführen. Gehe mit dem Bewußtsein in deinen Körper - belebe und bewohne ihn mit deinem ganzen Wesen.

Sei nicht abwesend, sondern vollkommen anwesend, und bilde eine Einheit mit der lebendigen Gegenwart des Augenblicks.

Entspannung in die (Körper-) Erfahrung -
Meditation über Gegenwärtigkeit

Lebst du wirklich im gegenwärtigen Augenblick? Stelle dir diese Frage und achte darauf, wie oft du dich mit deinem Denken in der Vergangenheit oder in der Zukunft befindest.

Doch du existierst nur im JETZT, im lebendigen Augenblick der Gegenwart, und es sind die Sinneserfahrungen deines Körpers und ihre bewußte Wahrnehmung, die dich lebendig (im Hier und Jetzt) sein lassen.

Richte deine Aufmerksamkeit auf den Körper. Wie spürst du ihn und was kannst du von ihm bewußt wahrnehmen? Lasse dir bei dieser Reise durch deinen Körper viel Zeit. Betrachte ihn wie eine fremde Landschaft, die du voller Neugier auskundschaftest. Wenn du so in Kontakt mit dir und mit deinem Körper gekommen bist, dann dehne die bewußte Wahrnehmung auf den Raum um dich herum aus, ohne dabei dich selbst zu verlieren.

Verbinde dich mit der ewigen Gegenwart, dieser fortwährenden Bewegung von Augenblick zu Augenblick, und komme in Einklang mit dir selbst und mit ALLEM WAS IST.

Lebe in diesem Augenblick und trete ein in den Raum des vollbewußten Seins. Denn DU BIST der Augenblick - es ist ein Zustand reinen Gewahrseins, in dem jede Trennung aufgehoben ist.

Entspannung in die Gegenwärtigkeit -
Meditation über die Zeit

Bewege dich durch den Raum. Finde die Form, die dir Freude bereitet. Du kannst einfach nur gehen oder frei tanzen. Verändere dein Tempo - bewege dich ganz schnell und ganz langsam, mit allen möglichen Zwischentönen. Verlagere deine Aufmerksamkeit dabei nach außen auf ein Ziel, das du erreichen willst. Wie erlebst du dich, deine Bewegung und die Zeit dabei?

Mache weiterhin dasselbe, aber gehe jetzt mit deiner Aufmerksamkeit nach innen in deine Mitte. Konzentriere, sammle dich dort, egal ob du dich langsam oder schnell bewegst. Wie erlebst du dich jetzt, deine Bewegung und die Zeit?

Wenn du außer dir bist, dann rennst du entweder der Zeit hinterher und hast das Gefühl, daß sie zwischen deinen Fingern zerrinnt, oder du empfindest Langeweile: Die Zeit zieht sich endlos in die Länge und wird zur Qual. Bist du jedoch im Einklang mit dir selbst, dann trittst du ein in den magischen Raum der lebendigen Gegenwart, in dem die Zeit stillsteht.

Eins-Sein

Eins-Sein ist Leben im Einklang mit sich selbst und mit Gott. Eins-Sein ist vollkommene Harmonie mit dem lebendigen Augenblick - das Aufgehen in der Gegenwart, die immer neu erschaffen wird. Im Eins-Sein erkennst du dich und erkennst du Gott, von dem du ein Teil bist. Jede Trennung und jedes Abgeschnittensein vom Leben ist überwunden.

Es ist die Angst, die dich von dir selbst, vom Leben und von Gott trennt. Sie erzeugt Zweifel, Unsicherheit und Leiden. Wenn du krank bist, befindest du dich im Konflikt. Du hast dich - dein inneres Wesen - verloren und dich von Gott abgewendet. Verzweiflung und Hoffnungslosigkeit gewinnen die Oberhand. Krankheit ist somit Trennung von dir selbst und dadurch die Trennung von Gott.

Liebe ist der Heiler, der dich wieder zu Gott und in das Eins-Sein zurückführt. Öffne dein Herz und verbinde dich mit ALLEM WAS IST. Liebe!

LAND DER LIEBE

ES GIBT EIN LAND
WO TAUSEND LICHTER BRENNEN
UND DAS LEBEN VOLLER
FREUDE UND ERLEUCHTUNG GLÜCKT

ES IST DAS LAND
WO LIEBE UND VERGEBUNG WOHNEN
UND KEINE DUNKELHEIT UND
SCHWERE DICH BEDRÜCKT

Demut

Demut heißt, sich vor dem Leben und der ihm innewohnenden Göttlichkeit zu verbeugen. Sie bringt deine Dankbarkeit dem Leben gegenüber zum Ausdruck. Demut ist die An-Erkennung einer höheren Macht, von der du ein untrennbarer Teil bist. In der Demut an-erkennst du, daß es Dinge gibt, die du nicht beeinflussen kannst, und daß dein Leben in den Händen von etwas Größerem und All(es)umfassenderen liegt.

In Demut vertraust du darauf, daß du geleitet und geführt wirst, und daß das Leben es letztendlich gut mit dir meint.

Variation 1

LEBE, SPIELE ...

**WENN DU GLAUBST
DAS LEBEN SEI EIN SPIEL
OFFEN, LEICHT
UND OHNE FESTES ZIEL
DANN FOLGE IHM MIT NEUGIER
UND MIT KINDLICHEM GEMÜT
IN JENEN GARTEN DER
VERBORGEN UND VERZAUBERT
TIEF IN DEINEM INNERN BLÜHT**

Harmonie

Harmonie ist vollkommenes inneres und äußeres Gleichgewicht. Sie entsteht, wenn du mit dir selbst und mit deiner Umwelt im Einklang lebst. Voraussetzung für Harmonie ist innerer Frieden. Wenn du im Zwiespalt mit dir bist, oder wenn du im „Krieg" lebst, kann Harmonie nicht entstehen. Harmonie ist die Verbindung von zwei Polen zu einem Ganzen. Es ist die Liebe, die vereint und Harmonie schafft.

Öffne dein Herz und mache es weit, so daß sich Liebe, Frieden und Harmonie darin ausbreiten können.

Freude

Freude ist der Urquell des Lebens. Sie ist das Überfließen im Augenblick. Freude ist überströmende Lebenslust, und sie kann immer dann zum Ausdruck kommen, wenn du mit deinem Wesenskern in Verbindung trittst. In der Freude zu leben heißt also, im Einklang mit sich selbst und mit ALLEM WAS IST zu sein.

Freude ist der schönste Ausdruck des Lebendigen. Die meisten Menschen sind jedoch von ihrem Innersten abgeschnitten und damit von dieser inneren Quelle. In Freude zu sein bedeutet lebendig zu sein, und immer wenn ihr ganz mit dem Leben verbunden seid strömt ihr Freude aus.

Freude ist eine Energie, die dich aufbaut und stärkt. Ein Mensch der in der Freude lebt, kann alles was er berührt mit dieser überschäumenden Energie anstecken.

Du bist auf der Erde, nicht um zu leiden, sondern um in diesen all(es)umfassenden Zustand zu gelangen. In Freude zu sein ist dein Geburtsrecht. Lasse dein inneres Wesen sich verströmen. Schließe dich an diese nie versiegende Quelle des Lebens an und drücke es in dem was du bist und was du tust aus.

Variation 2

LEBE, SPIELE ...

WENN DU GLAUBST
DAS LEBEN SEI EIN SPIEL
OFFEN, LEICHT
UND OHNE FESTES ZIEL
DANN FOLGE IHM MIT NEUGIER
UND MIT KINDLICHEM GEMÜT
IN JENEN RAUM DER
TIEF VERBORGEN UND VERZAUBERT
IN DEINEM INNERN LIEGT

Entspannung in den Tanz -
Meditation über die Freude

Wann hast du dich das letztemal von ganzem Herzen gefreut und diese Freude mit jeder Faser deines Körpers gespürt und ausgedrückt? Konntest du als Kind Freude empfinden, und wenn ja, erinnerst du dich daran, wie es sich angefühlt hat? Willst du dich wieder mit dieser Lebensquelle in deinem Inneren verbinden und sie uneingeschränkt zum Ausdruck bringen? Was hindert dich daran in Freude zu sein - die Freude in deinem Herzen zu leben und sie auszudrücken?

Schaffe dir genügend Raum. Den wirst du brauchen, weil Freude eine Energie ist, die überströmt und sich grenzenlos ausdehnt. Sie läßt dich und deinen Körper offener und weiter werden.

Stelle dich in den Raum und schließe die Augen. Verbinde dich mit der Freude in deinem Herzen, die trotz aller Schmerzen und Enttäuschungen immer noch in dir lebendig ist und darauf wartet von dir befreit zu werden. Lasse dir Zeit dabei und dringe langsam Schicht um Schicht zu dieser nie versiegenden Quelle vor. Wenn du alle Hindernisse beiseite geräumt hast, dann kann die Freude überfließen. Bade dich darin - in deinem Tanz der grenzenlosen Freude.

Gnade

Gnade ist ein Geschenk Gottes an die Menschen, die ihre Göttlichkeit in sich entdeckt haben. Sie wird dir zuteil, wenn du dein Herz der bedingungslosen Liebe öffnest und dich aller Dinge entledigst, die dich daran hindern sie zu leben. Gnade ist das Leerwerden für das Göttliche, das nun in dich einströmen und sein Licht verbreiten kann.

Gnade ist das vollkommene Erwachen zu sich selbst - das Finden des göttlichen Lichtes im eigenen Inneren.

Horst Heilig
Sanfter Tanz und Lichtarbeit
Ein Weg zur Heilung des Herzens
Libri Books on Demand, kart., 550 Seiten, € 28,02

Dieses Buch ist ein medial empfangenes **Basiskonzept** für die Bereiche **Spiritualität, Medialität, Kreativität** und **Heilung**. Es ist ein **geistig-intuitiver Zugang** zu den vielfältigen Ebenen menschlicher Existenz - ein offenes und dynamisches „System", welches aufbauend auf verschiedenen geistigen Grundhaltungen die Möglichkeit schafft, sich selbst von innen heraus zu erleben und zu verstehen.

Ein solcher „**innerer Weg**" kann mit den unterschiedlichsten bereits existierenden äusseren Techniken und Methoden verbunden werden, vorausgesetzt deren Menschenbild lässt sich mit dem hier zugrundegelegten vereinbaren.

Die Grundhaltung der „**Sanftheit**", auf der dieses Konzept u. a. aufbaut, verträgt sich nicht mit manipulativen und forcierenden Techniken und Methoden, die von aussen gewaltsam in die Selbstregulation eines Menschen eingreifen.

Der Ansatz gründet auf dem Vertrauen in die **Selbstheilungskraft** und darauf, dass ein jeder von uns ein unerschöpfliches Potential an Kreativität und Weisheit in sich birgt, zu dem wir wieder einen Zugang finden können.

ISBN 3-8311-0724-6

Zur Person:

Geboren am 27. 01. 1955 in Geislingen/Steige • Diplom-Pädagoge • mehrjährige Arbeit mit psychisch kranken Menschen • Tätigkeit in der Erwachsenenbildung im Bereich **Tanz und Körperarbeit** • Weiterbildung in Kinesiologie und in Tanztherapie

Tätigkeit als Schreibmedium • **Mediale Lebensberatung** • Licht-Meditationen • Malen von persönlichen **Seelen-Heilbildern** • **Mediale Visionssuche / Berufsberatung** für Einzelne, Teams und Projekte • Lichtarbeit als spirituelle Heilungsarbeit mit Hilfe von Kristallen, Farben, Klang und Essenzen • Seminare in *Sanfter Tanz und Lichtarbeit. Ein Weg zur Heilung des Herzens* • **Channeling** von Texten und Gedichten zu spirituellen Themen sowie des Buches *Sanfter Tanz und Lichtarbeit. Ein Weg zur Heilung des Herzens.*

Horst Heilig
0160 – 835 63 05

Grundlegendes Ziel meiner gesamten Arbeit ist es, in den Menschen wieder ein Bewusstsein dafür zu wecken, dass alles Wissen und alle Weisheit in ihrem Inneren verborgen liegt und dass sie die Antworten auf die wesentlichen Fragen ihres Lebens nur in sich selbst finden können.

Dies setzt jedoch voraus, dass sie ihren Blick auf sich selbst richten und dass sie den Mut haben, in die **Stille** und in die Leere einzutauchen - jenen Raum der Potentialität, in dem alles als Möglichkeit vorhanden ist - um auf diese Weise wieder mit ihrer **inneren Quelle** in Berührung zu kommen. Viele Menschen haben jedoch den Zugang zu dieser inneren Quelle verloren und somit die eigene Macht an andere abgegeben. Die **spirituelle Reise** - auf der sich jeder von uns befindet - ist ein tiefgreifender Heilungs- und Transformationsprozess, der vielfältige Chancen und Herausforderungen in sich birgt. In meiner Arbeit (mit ihren unterschiedlichen Schwerpunkten) will ich Menschen auf dieser Reise Anregungen und Impulse geben.

Indem ich als **Mittler/Medium** von Botschaften aus höheren Bewusstseinsebenen fungiere - sowohl als Sprach- wie auch als Energiekanal - wird Ihnen dadurch die Möglichkeit eröffnet, sich selbst, Ihr Leben sowie Ihre gegenwärtigen Schwierigkeiten und Konflikte mit anderen Augen zu betrachten. Es ist ein Blick der „über den Dingen" steht, ohne dabei das Mitgefühl für Ihre persönlichen Sorgen und Nöte zu verlieren. **Es ist eine Sichtweise, die nicht wertet und die nicht verurteilt und die Ihnen vermitteln will, dass nur aus einer Haltung der Selbstliebe und der Selbstwertschätzung heraus - also durch das Anerkennen dessen was ist - Heilung und Transformation auf allen Ebenen geschehen können.**

Mediale Lebensberatung

„Was dich bewegt und belastet in deinem Leben, kann durch die Vermittlung von Botschaften aus den geistigen Dimensionen geklärt und einer Lösung zugeführt werden. Voraussetzung dafür ist deine innere Bereitschaft, dich dieser geistigen Ebene - die auch ein Teil von dir selbst ist - zu öffnen, und in einen Dialog mit den verborgenen Tiefen deines Wesens zu treten."

Die **mediale Beratung** erfolgt mittels Texten, die ich zu Ihren allgemeinen oder spezifischen Fragen empfange. Darin werden **grundsätzlich keine Aussagen in die Zukunft** gemacht und es werden Ihnen auch keine Entscheidungen abgenommen, die nur Sie alleine treffen können. Die „geistigen Wesenheiten", mit denen ich zusammenarbeite, achten in jedem Augenblick die Willensfreiheit des Menschen und sie führen uns immer wieder auf unsere **Selbstverantwortung** zurück. In den Texten kommt jedoch ein tiefes Wissen und Verständnis um Ihre besondere Situation zum Ausdruck und sie sind in einer Form gehalten, die von Annahme und bedingungsloser Liebe zeugt. Indem Ihre persönliche Problematik aus einer höheren und umfassenderen Perspektive betrachtet wird, können sich daraus neue und überraschende **„Lösungs-Schlüssel"** ergeben.

Gemaltes persönliches Seelen-Heilbild

Der Mensch ist ein **Lichtwesen** - ein dreidimensionales Muster aus **Energie** (Körper), **Bewusstsein** (Geist) und **Liebe** (Seele). Indem ich zu Ihrem individuellen Lichtfeld in Resonanz gehe, kann ich medial und intuitiv dessen besondere Struktur erfassen und durch Farben, Formen und Symbole ausdrücken. Diese sind **archetypische Muster**, in denen Gedanken, Gefühle und Energien gespeichert sind, und durch die das Unsichtbare - die **Seelen-Essenz** als unser göttlicher Anteil - sichtbar und begreifbar gemacht werden kann.

Das persönliche Seelen-Heilbild drückt Ihren Wesenskern aus, das was Sie in Ihrem tiefsten Innersten und jenseits aller Begrenzungen des Egos in Wahrheit sind. Es hilft Blockaden aufzulösen, die verhindern dass Sie mit der schöpferischen Quelle - die ihren Ursprung in uns selbst hat - in Kontakt kommen. Ihr Seelenbild trägt somit dazu bei, dass Sie in ihm als Spiegel sich selbst finden und erkennen können.

Ergänzt wird es durch einen medial empfangenen Text, der das im Bild Ausgedrückte in Worte fasst und auf eine bewusste Ebene bringt.